LES PETITS CAHIERS

Collection dirigée par Jean-Luc Caron

50 devinettes pour bien raisonner

7-9 ANS

Roger Rougier

Illustrations : Mathieu Demore

RETZ

www.editions-retz.com

9 bis, rue Abel Hovelacque

75013 Paris

Le dernier mot

Devine ce que dit Tobor après avoir écouté ses amis :

Ça marche...

Romain monte les marches deux par deux.
Camille descend les marches trois par trois.
Sur quelle marche vont-ils se rencontrer ?
Entoure la lettre qui convient.

Suivez la flèche

Observe bien et **complète** chaque ligne avec le dessin qui convient.

1 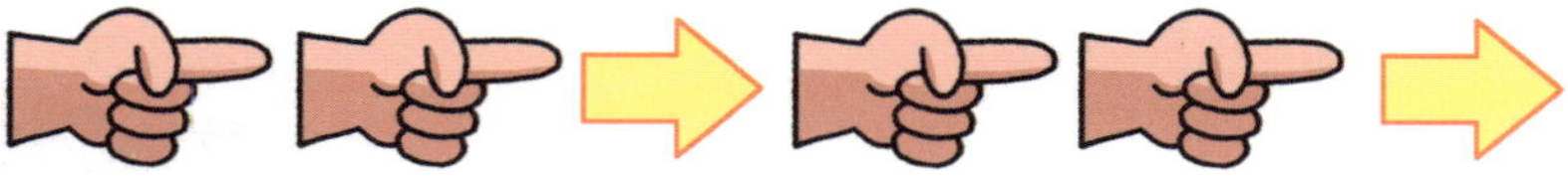 ....

2 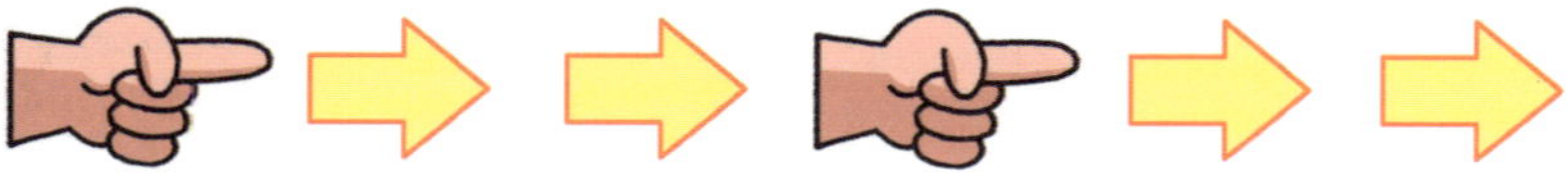 ....

3 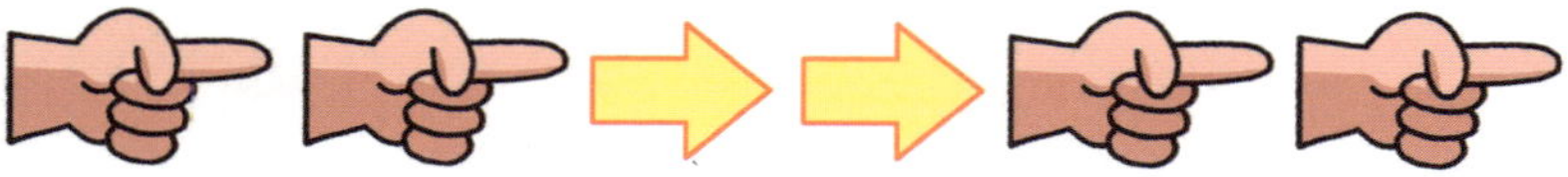 ....

4  ....

5  ....

Lâcher de ballons

Parmi les 12 ballons qui ont été lâchés, combien sont complètement cachés derrière l'arbre ? **Dessine-les.**

J'aime les fleurs

Écris sur chaque pétale de fleur
la voyelle qui a disparu
(une même voyelle par fleur).
Tu connaîtras ainsi le nom
de ces fleurs !

Devine à présent à quelle
fleur je pense :
« On est rouge comme elle
quand on a fait une sottise. »

Écris son nom : ....

Fidèle comme une ombre

Observe bien ces trois monstres.
Lequel projette son ombre sur le sol ?

Comment l'as-tu reconnu ?

....

....

Les deux font la paire

Parmi tous ces dessins, **colorie les deux** qui signifient la même chose.

1
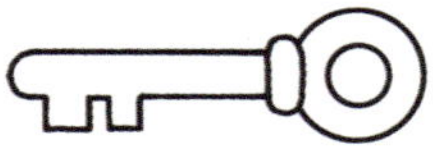

2

3
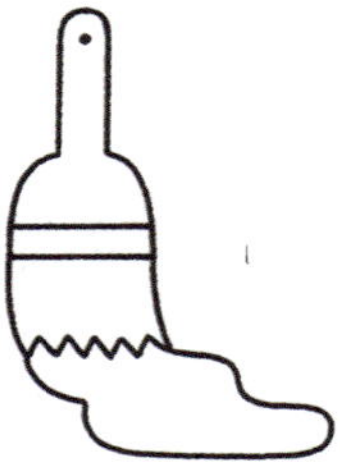

4
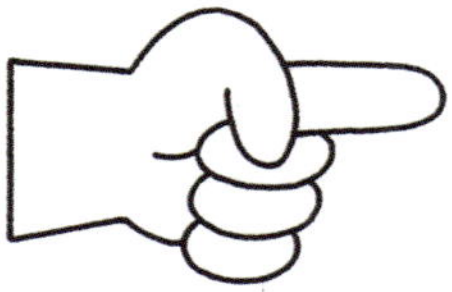

7

5
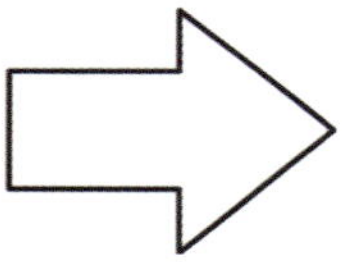

6
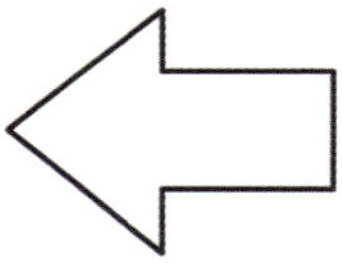

L'intrus

Barre le mot qui ne devrait pas figurer dans cette liste.

lait trait pliage plaine

saison gai vraiment conjugaison

Comment l'as-tu reconnu ?

....

....

Une pensée pour toi

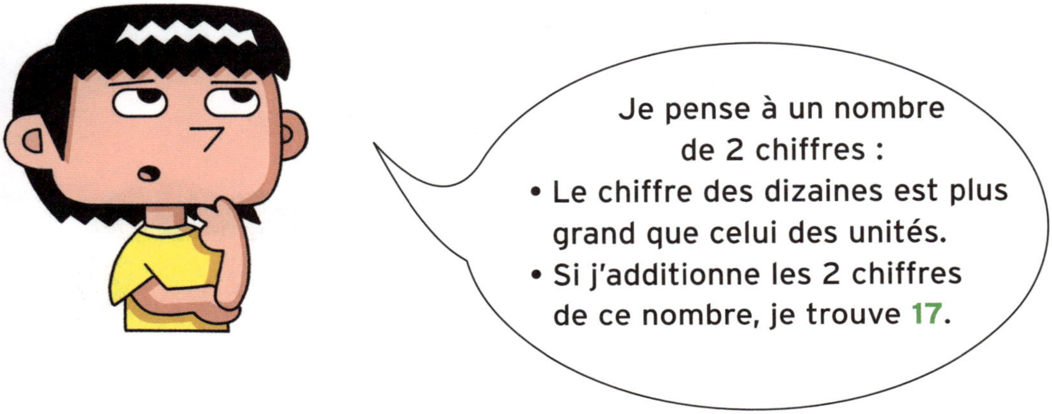

1. Devine le nombre auquel je pense : ....

2. Devine ce nombre : ....

Monter et descendre

16 marches empêchent Romain et Camille de se rejoindre.
Pour aller à la rencontre de Camille, Romain monte 4 fois 3 marches et en redescend 2 fois 5.
Camille descend 5 fois 2 marches et en remonte 2 fois 4.

Retrouve le nombre de marches qui les séparent, en faisant un calcul ou en t'aidant du dessin.

....

Plus vite que son ombre

Retrouve le hibou qui était sur le toit cette nuit, en le comparant à son ombre.

....

1 2

Indique quels sont les trois détails qui le différencient de l'autre hibou.

....

....

Case-toi !

1. La dernière case est restée vide.
Pour la remplir, **regarde** bien les trois autres cases.

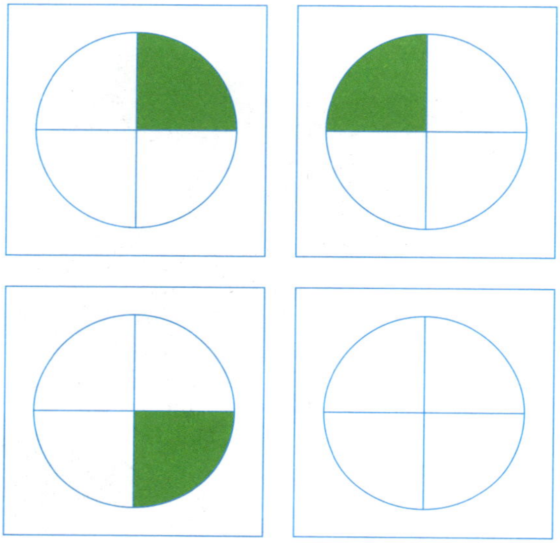

2. Cette fois-ci, comment vas-tu **remplir** la dernière case ?
Observe bien la disposition des pois !

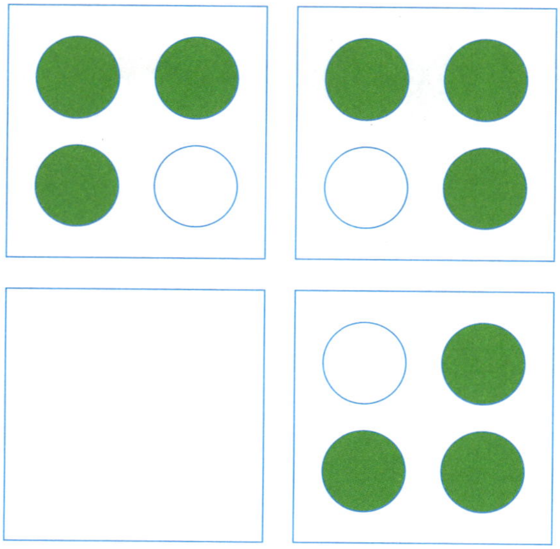

Oncles, neveux et cousins...

1. L'oncle de Jean-Philippe a un gros nez, de la barbe, mais il n'a pas de moustache.

Comment s'appelle-t-il ?

....

2. Le cousin de Marc s'appelle Régis.
Le cousin d'Émile s'appelle Isidore.
Le cousin d'Alfred s'appelle François.
Comment s'appelle le cousin d'Alexandre ?
Coche la bonne réponse :

- ❑ Xavier
- ❑ Damien
- ❑ Étienne

Qui est-ce ?

Lequel des 4 personnages projette son ombre contre le mur de la cour ? **Colorie-le** et sois bien attentif à tous les détails.

Mme BARNABÉ M. PATATI Mme HOUP M. LONG

Comment l'as-tu reconnu ?

....

....

Miam-miam

Relie d'un trait de crayon :

Si  va avec 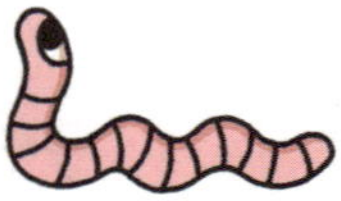

Et si  va avec 

Alors  va avec •

• 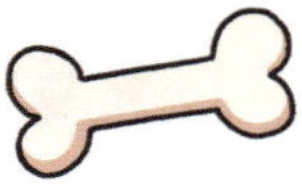

• 

• 

Et  va avec •

• 

• 

• 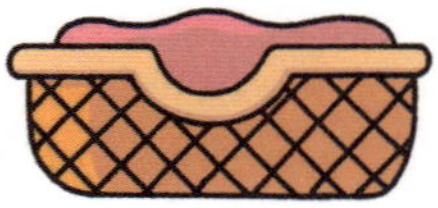

Où passer la nuit ?

Relie d'un trait de crayon :

Si  va avec 

Et si  va avec 

Alors  va avec •

Et  va avec •

• 

• 

• 

• 

• 

• 

• 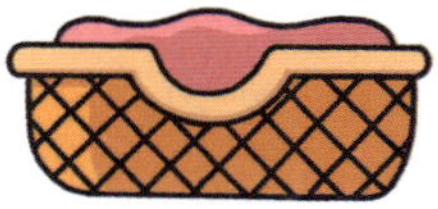

Escargot rigolo...

En allant droit devant eux, tous les escargots pourront manger une pomme, sauf un.

Colorie la coquille de l'escargot qui ne mangera pas de pomme.

Attention au départ !

1. Quel wagon faut-il accrocher à la fin du train ?
Coche la bonne réponse.

1 ❑

2 ❑

3 ❑

4 ❑

2. Maintenant, **entoure** les deux locomotives qui sont identiques.

1

2

3

4

5

6

Le sens de la flèche

Dessine la flèche qui convient, dans la dernière case de chaque rangée ?

Laquelle choisir ?

Coche la bonne réponse.

Si 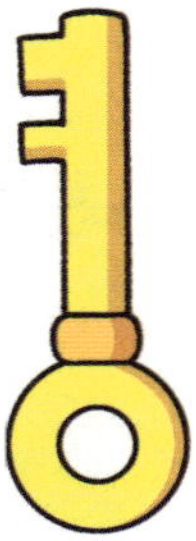

va avec 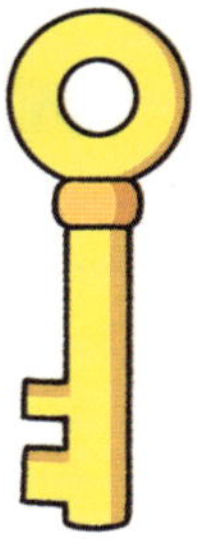

Alors  va avec

❑ 

❑ 

❑ 

Qui est-ce ?

Retrouve le personnage qui se cache derrière l'arbre.

VINCENT ATAL FRANÇOISE PHILIPPE

Comment l'as-tu reconnu ?

....

....

Une faim de serpent !

Groboa le serpent avait très faim...
Il a avalé deux jouets !
Qu'a-t-il mangé
en premier,
et en deuxième ?
Écris 1 et 2
dans les cases
correspondantes.

Barre le jouet qu'il n'a pas mangé.

L'intrus

Quel nombre
ne devrait pas figurer
dans cette liste ?
Entoure-le.

211

13 22 202

40 112 35

Explique pourquoi.

....

Les bonnes lettres

Quel mot de cinq lettres dois-tu écrire dans l'étiquette n° 6 restée vide ?
Pour trouver ce mot, **prends :**

- une consonne dans le 1er mot,
- la voyelle dans le 2e mot,
- une voyelle dans le 3e mot,
- une consonne dans le 4e mot,
- une voyelle dans le 5e mot.

La première lettre est déjà écrite.
À ton tour, **continue.**

6 R..

1 RUGIR

2 CORPS

3 HAUME

4 PORTE

5 SINGE

En quelle langue ?

Dans un autobus :
- 3 personnes parlent français,
- 3 personnes parlent anglais,
- 3 personnes parlent chinois.

Pourtant, il n'y a que 3 personnes dans l'autobus.
Résous cette énigme.

....

La promenade de Tobor

1. Tobor prend le chemin de la borne montrant le nombre mille-six-cent-quatorze.
Colorie le chemin qu'il va prendre.

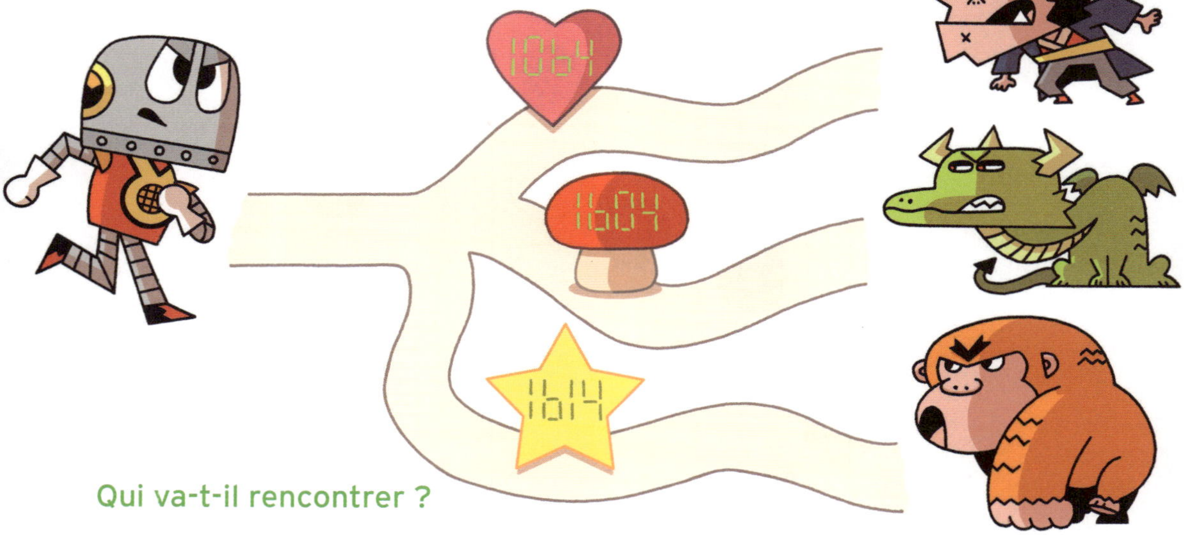

Qui va-t-il rencontrer ?

....

2. Maintenant, Tobor prend le chemin de la borne dont le nombre a un zéro comme chiffre des dizaines et un chiffre des unités plus grand que celui des centaines.
Colorie le chemin qu'il va emprunter.

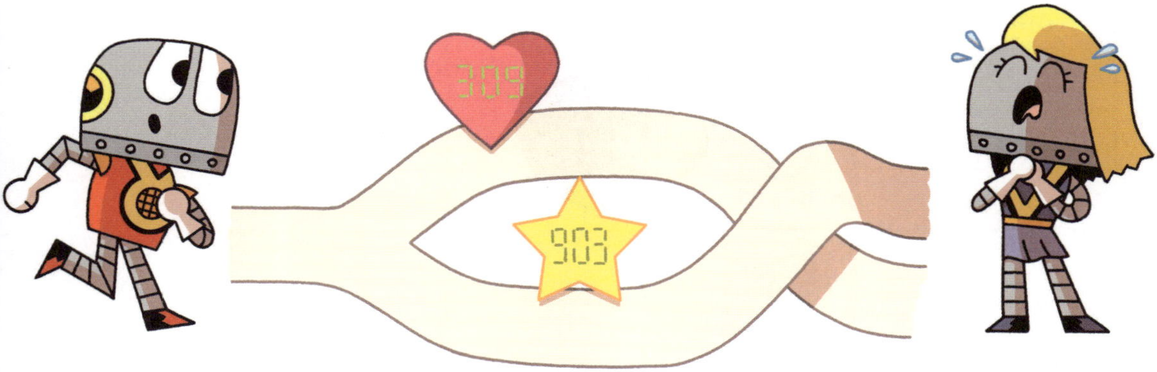

Tout rond

Observe attentivement, puis **dessine** les pois dans la case restée vide.

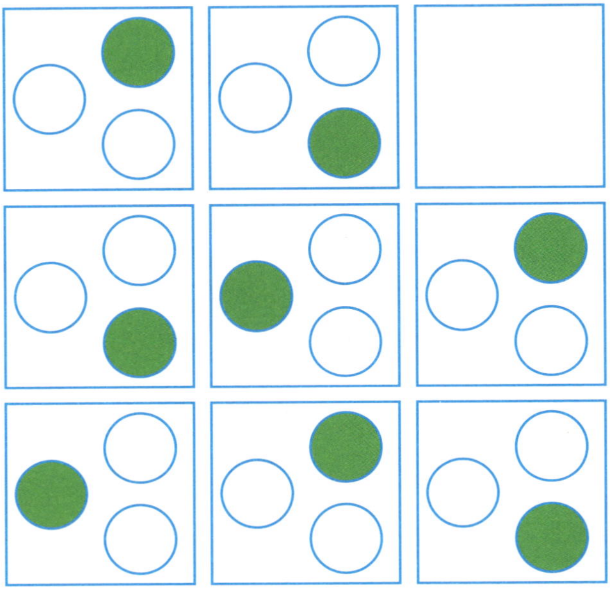

Repérage

Entoure le mot que Julien est en train de lire dans la grille.

Pour t'aider

C'est un mot de 4 lettres.
C'est aussi un animal.
Il porte des écailles.

ours	sardine
nuit	naja
boa	gris
bol	nerf

Joyeux anniversaire

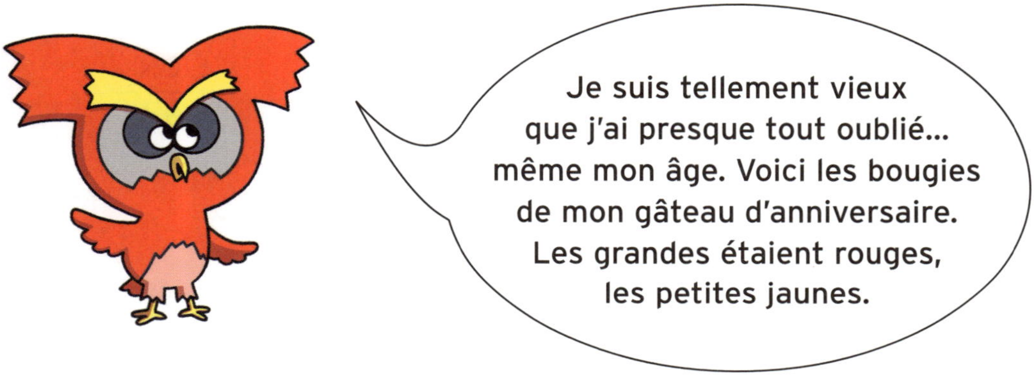

Colorie-les.

Chaque grande bougie compte pour 10 ans, chaque petite pour 1 an.

Quel est mon âge ?

....

Les intrus

1. **Entoure** le mot qui ne devrait pas figurer dans cette liste.

AVION ENSEMBLE IMAGE LION

UTILE OLIVIER YOGA

Comment as-tu trouvé ?

....

....

2. Tous ces dominos ont quelque chose en commun, sauf un. **Colorie-le.**

Comment as-tu trouvé ?

....

Tout feu, tout flammes

1. Colorie la bougie qui va s'éteindre la première.

2. Cette fois, **colorie** la bougie que l'on a éteinte la première

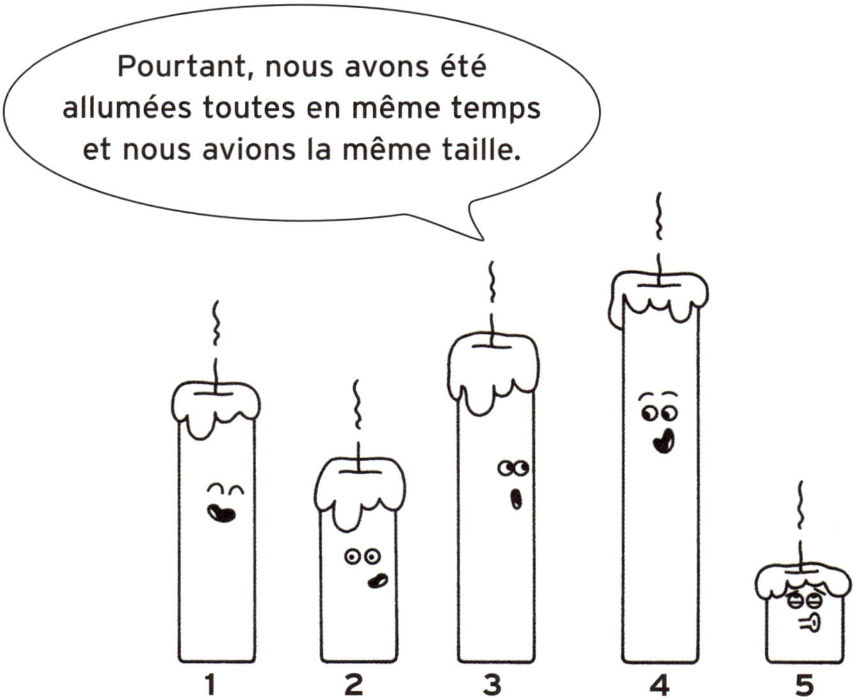

Quel menteur !

« Où étais-tu ? demande maman à Petit Jean.
– En sortant de l'école, je suis allé chez Petit Louis puis, ensemble, nous sommes allés choisir un cadeau pour Petit Luc, car demain lundi 20 septembre, c'est son anniversaire.
– Et que lui avez-vous acheté ? demande maman.
– Une bande dessinée.
– Oh ! mais tu es un menteur, Petit Jean ! » dit maman.

Essaie de deviner le mensonge que dit Petit Jean à sa maman.

....

....

Dans le mille

Entoure la flèche qui va traverser la pomme.

Le rendez-vous

Colorie la case sur laquelle Tobor a rendez-vous.
La case contient une flèche : cette flèche est blanche, elle est orientée vers la droite, elle est au-dessous d'une case occupée par une coccinelle.

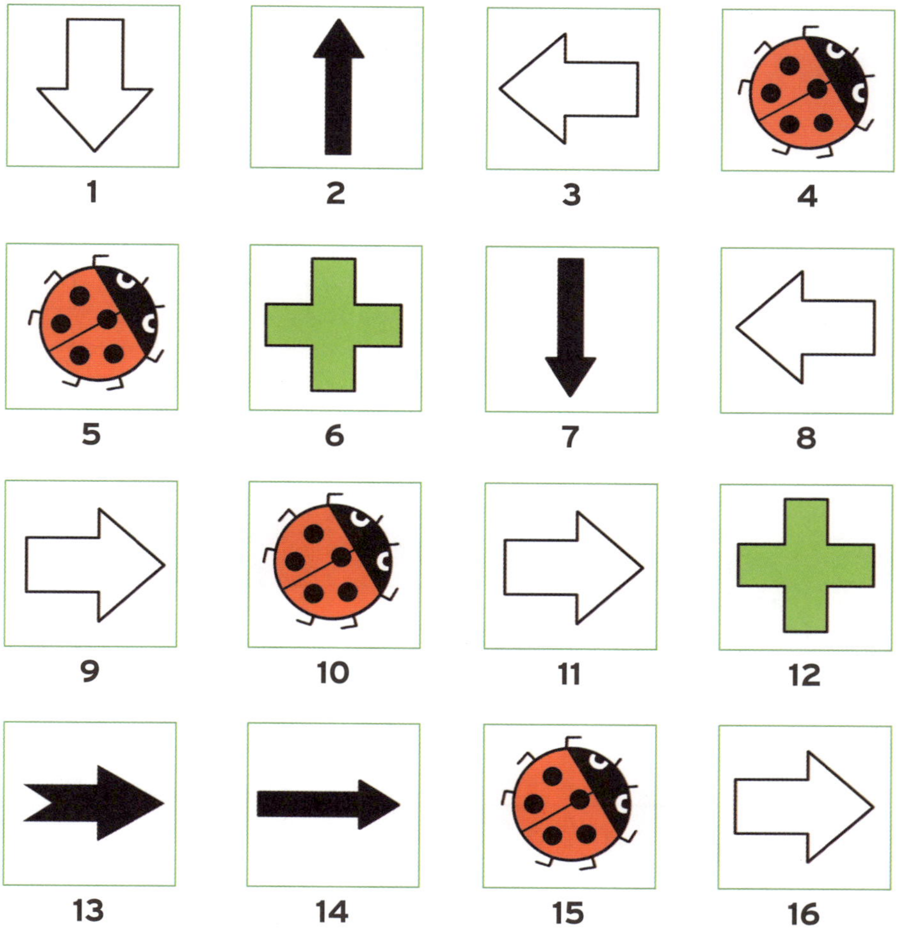

Jeu de construction

Parmi les pièces dispersées, **retrouve** celles qui ont servi à construire ce château.
Colorie ensuite, sur le modèle, celle qui a été oubliée.

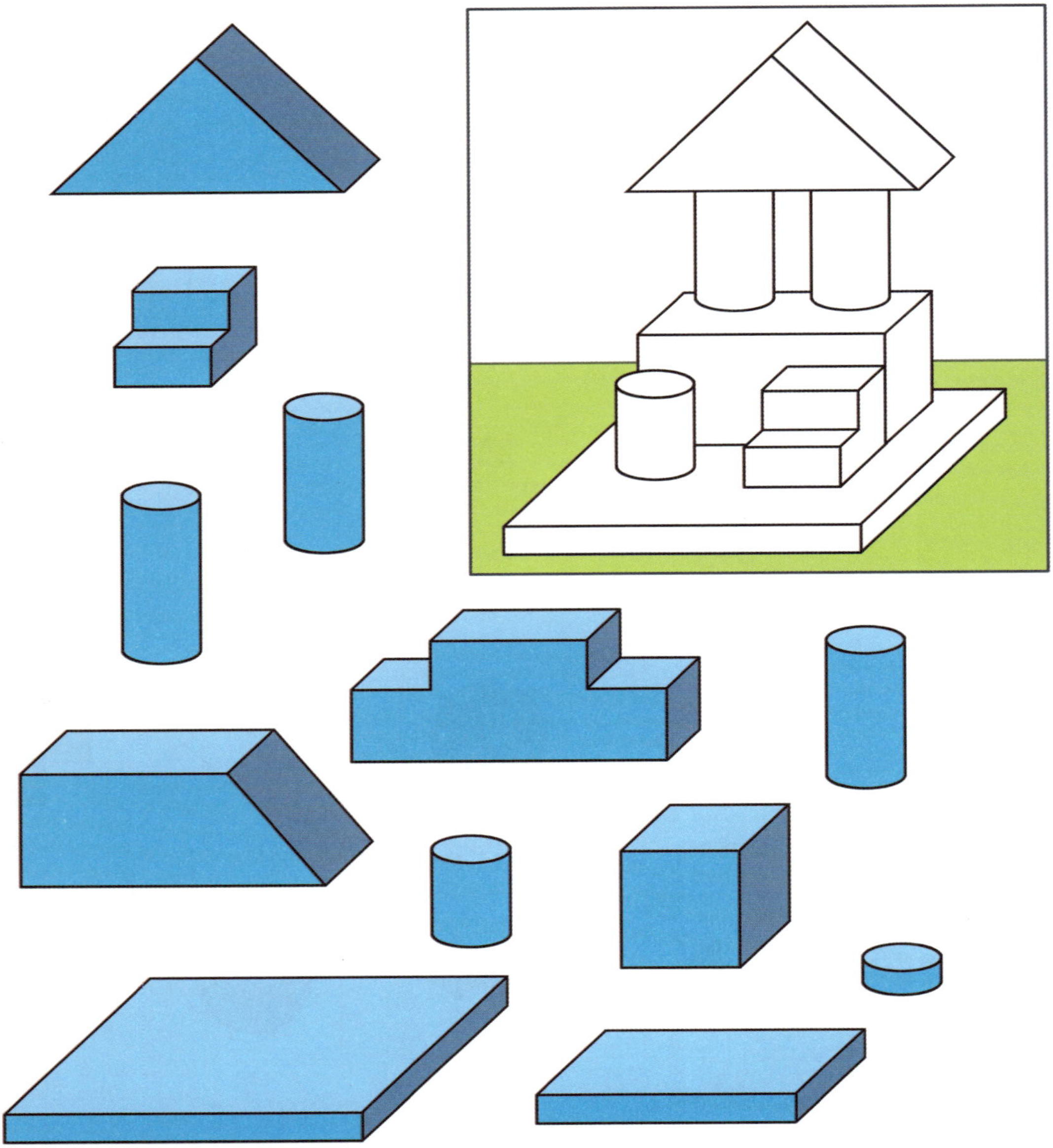

L'intrus

Les dessins suivants vont deux par deux, sauf un.
Colorie-le, après avoir relié ceux qui vont ensemble.

Les allumettes

Colorie l'allumette qu'il faut enlever pour qu'il n'y ait plus que 4 carrés.

Attention ! il n'y a qu'une seule réponse possible, car toutes les allumettes doivent être utilisées.

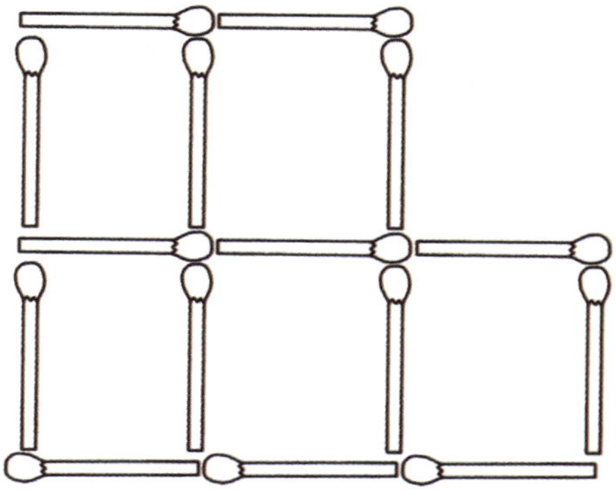

Que choisir ?

Il manque un cube. **Choisis-le** parmi les 5 cubes qui se trouvent dans le cadre du bas, puis **colorie-le.**

Quelles sont **les trois raisons** qui t'ont fait choisir ce cube ?

....

....

Le bon morceau

Petit Jean veut reconstituer le puzzle pour le ranger.
Aide-le à trouver les 4 pièces qui forment le carré bleu.
Colorie ces pièces et **barre** celle qui est en trop.

Pour t'aider

Tu peux utiliser un calque, recopier les morceaux du puzzle et les découper.

3

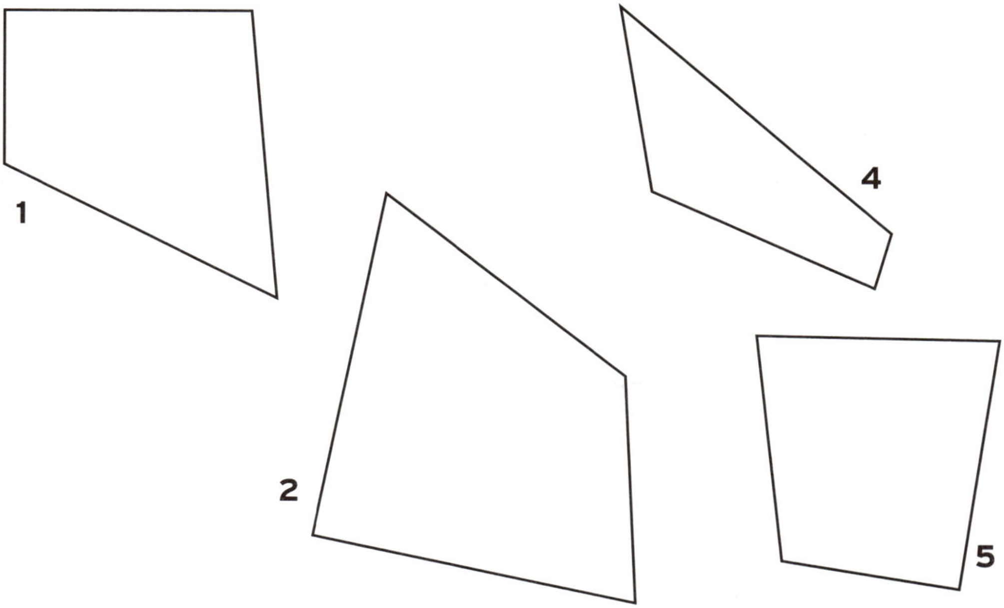

Labyrinthe

Avec qui le livreur a-t-il rendez-vous ?

Entoure le livreur en vert, la personne qui l'attend en rouge et colorie le chemin en jaune.

À table !

La tortue veut manger la salade.
L'escargot veut manger la feuille.
La souris veut manger le gruyère.

Trace les chemins qu'ils doivent suivre pour qu'ils ne se coupent ni ne se croisent.

Qui est-ce ?

En descendant de la soucoupe volante, le chef de la mission de la planète LATUKRU présente son équipage :
« Voici ARTOK, RAKOT, KRATO, KORAT », dit le chef dans son langage.

Mais lui, comment s'appelle-t-il ? **Coche** la case qui convient :

❑ OTARK ❑ TAKRO ❑ TORKA

Pourquoi ?

....

Voulez-vous danser ?

Observe bien les prénoms pour répondre à cette devinette :

- si ALAIN danse avec NOÉMIE,
- si ÉRIC danse avec CAROLINE,
- si DIMITRI danse avec ISABELLE,
- et si HERVÉ danse avec ÉMILIE,

alors qui danse avec GAËL :
❑ VALÉRIE
❑ JULIE
❑ LAETITIA

Pour quelle raison les fais-tu danser ensemble ?

....

Anagrammes

Quand Petit Jean dit :
- « PLAINE »,
Lucette répond « LAPINE ».
- Quand il dit « NICHE », Lucette répond « CHIEN ».
- Quand il dit « AVEC », Lucette répond « CAVE ».

Quel mot a dit Petit Jean pour que Lucette réponde « MIRAGE » ?
Coche la bonne réponse.

❑ MARIAGE ❑ MAIGRE ❑ IMAGE

Pourquoi ?

....

Paysage de montagne

Les cartes postales

Il y a **5 différences** entre ces 2 cartes. Quelles sont-elles ?

....

....

Quelle carte postale représente le paysage que l'on aperçoit derrière la fenêtre ?
Coche la bonne réponse.

Code secret

Quel est l'animal dont le nom est écrit en code secret ?

Pour le trouver, **observe** la liste suivante de noms d'animaux et leur écriture en code secret :

POULE 

PAPILLON 

TORTUE 

....

Les neveux

Sais-tu que j'ai 5 petits neveux ?
Le premier se nomme PATAPLA.
Le deuxième s'appelle PETEPLE.
Le troisième a pour prénom PITIPLI.
Le quatrième s'appelle POTOPLO.

J'ai oublié le prénom du cinquième mais tu peux m'aider à **le retrouver.**

Il s'appelle : ....

Comment as-tu trouvé ?

....

Messages codés

Voici 4 messages secrets, **essaie** de les traduire :

1 ✪❄ ✱✲❀▼ ❅❑❐▼.

2 ✪❄ ✱✲✳❄■ ❍❀■❖❄.

3 ✪❄▲ ❑✳▲❄❀◆| ✱✲❀■▼❄■▼.

4 ✪❄ ❐❑✳▲▲❑■ ■❀❖❄.

Pour t'aider, Grozibou en a traduit 3. Les voici en désordre.

Le poisson nage.

Les oiseaux chantent.

Le chat dort.

Quel est le message qu'il n'a pas compris ?

....

Extraterrestres

Je suis Flaxy,
tu te souviens de moi ?
Sur ma planète, nous nous déplaçons
en tricycle, nous mangeons du trèfle
et nous jouons du triangle. Nous
faisons la fête tous les trimestres.

1. **Devine** comment sont les enfants :

❑ des enfants uniques ❑ des jumeaux ❑ des triplés

2. Alors, combien ai-je de frères : 0, 1, 2, 3 ou 4 ? ....

Tu te souviens
aussi de moi : Mackmadox.
Chez nous, sur la planète Padonida,
on mange du riz, des fruits mais pas de raisin
ni d'orange. On boit du vin, de la bière et
des jus de fruits mais pas d'eau.
On aime la musique mais pas le piano,
on aime crier mais pas chanter,
on sue mais on ne dort pas.

3. Alors, **devine** ce que l'on mange : des carottes ou des endives ?

....

Pourquoi ?

....

Volume

Comment faire apparaître un cube à partir de ce dessin ?
Termine le dessin.

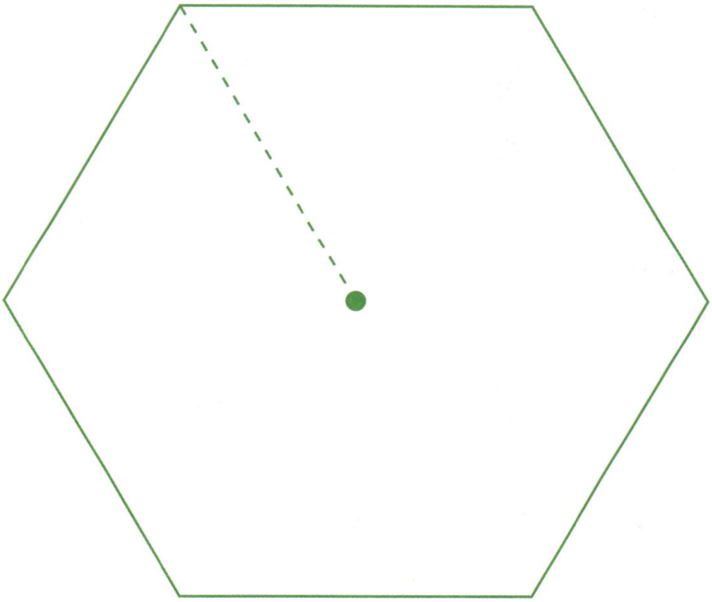

Langue au chat

Belle, la chatte de Lucie, a donné naissance à 5 chatons.
Elle a appelé les 4 premiers Mic, Mimi, Minet, Mignon.

Comment a-t-elle appelé le dernier ?
Coche la bonne case.

❏ Chatounet ❏ Piticat ❏ Katkatou

Comment as-tu trouvé ?

....

....

Cache-cache

Un tableau décore le mur du salon.

Mais il cache un morceau de tapisserie. Lequel ?

Observe bien les morceaux ci-dessous, puis **coche** la bonne réponse.

❑ 1

❑ 2

❑ 3

❑ 4

❑ 5

Qui a dit... ?

Le perroquet, le chat, le furet, la souris, l'éléphant, la carpe et l'hirondelle discutent dans la cour.

Retrouve qui a dit chacune de ces phrases :

« On m'a souvent
donné la langue. » ....

« Je suis passé par ici
je repasserai par là ! » ....

« Je le répéterai
sans cesse ! » ....

« J'ai une mémoire
phénoménale ! » ....

« Moi, je ne peux
rien dire je suis muette! » ....

« Je danse
quand il n'est pas là ! » ....

« Je sais, je sais,
je ne fais pas le printemps ! » ....

Messages codés

Voici 6 messages secrets, **essaie** de les traduire :

1 ●❄ ▲❑●❄✻● ❂❒✻●●❄.

2 ●❄ ✽✼❀▼ ❅❑❒▼ ▲◆❒ ●❀ ▼❀❂●❄.

3 ✻● ❒●❄◆▼.

4 ●❄▲ ❄●❄❖❄▲ ▲❑■▼ ❄■ ❒❀■☆.

5 ●❄▲ ❄■❆❀■▼▲ ✽✼❀■▼❄■▼.

6 ●❀ ❍❄❒ ❄▲▼ ❂●❄◆❄.

Pour t'aider, Grozibou en a traduit 5. Les voici en désordre.

Il pleut.

Le soleil brille.

Les enfants chantent.

La mer est bleue.

Le chat dort sur la table.

Quel est le message qu'il n'a pas traduit ?

....

CORRIGÉS

Pages

2 Tobor dit à ses amis : D - DE - DF - DFE

3 Romain et Camille vont se rencontrer sur la marche E.

4 1  2  3  4  5 

5 Il y a 2 ballons cachés derrière l'arbre.

6 1- IRIS (la voyelle manquante est I).
2- PENSÉE (la voyelle manquante est E).
3- MUGUET (la voyelle manquante est U).
Il s'agit de la PIVOINE.

7 C'est ZYLO qui projette son ombre sur le sol. On le reconnaît grâce à ses cheveux et sa barbe en pointe et sa langue qui pend.

8 Les dessins 4 et 5 signifient la même chose.

Le mot PLIAGE ne devrait pas figurer dans cette liste (les voyelles IA sont dans l'ordre AI dans les autres mots).

9 Il s'agit du nombre 98, puis du nombre 999.

10 Romain est sur la deuxième marche en partant du bas, Camille sur la deuxième en partant du haut. 12 marches les séparent.
Par le calcul, on obtient le résultat en posant les opérations :
$(4 \times 3) - (2 \times 5) = 2$; $(5 \times 2) - (2 \times 4) = 2$; $16 - 4 = 12$.

11 Le hibou n° 1 marchait sur le toit cette nuit. Les 3 détails qui différencient les deux hiboux sont : la touffe de plumes sur le côté droit de la tête, la jambe droite et l'aile gauche.

12  et 

13 Alexandre est l'oncle de Jean-Philippe. Le cousin d'Alexandre s'appelle Étienne. La troisième lettre du prénom de l'oncle correspond à la première lettre du prénom du cousin.

14 On voit l'ombre de Monsieur LONG sur le mur. Il n'a ni chapeau, ni lunettes et porte un pantalon.

15 Si l'oiseau va avec le ver, et si le lapin va avec la carotte, alors le chien va avec l'os et le chat avec la souris.

16 Si l'oiseau va avec le nid, et si le lapin va avec le clapier, alors le chien va avec la niche et le chat avec le couffin.

17 L'escargot n° 6 n'aura pas de pomme.

18 1- Il faut accrocher le wagon n° 2.

2- Les locomotives 1 et 5 sont identiques.

19 Dans les deux rangées il faut dessiner :

Si  va avec  alors  va avec 

20 Philippe se cache derrière l'arbre (il a une canne et des chaussures noires).

21 Groboa a d'abord avalé l'ours, puis la locomotive. Il n'a pas mangé le ballon.

Le nombre 35 ne devrait pas figurer dans cette liste : la somme de ses chiffres est 8 (4 pour les autres nombres).

Pages

22 Il faut écrire ROUTE dans l'étiquette n° 6.

Les 3 personnes connaissent les 3 langues.

23 1- Tobor va rencontrer le singe...
2- ... puis il passera sous le pont.

24 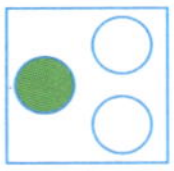

Julien est en train de lire le mot NAJA.

25 Le hibou a 111 ans.

26 1- Le mot LION ne devrait pas figurer dans cette liste : lui seul commence par une consonne.

2- Le domino n° 4 est différent : le total de ses points ne fait pas 6.

27 1- La bougie n° 3 s'éteindra la première.
2- La bougie n° 4 s'est éteinte la première.

28 Hier, dimanche, Petit Jean ne pouvait pas être à l'école.

C'est la flèche n° 3 qui va traverser la pomme.

29 Tobor a rendez-vous sur la case n° 9.

30 C'est le socle des colonnes qui a été oublié.

31 C'est le chien qui reste seul.

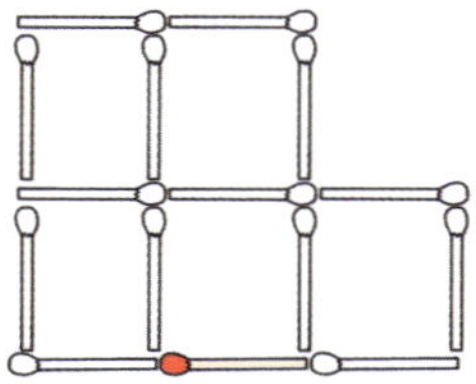

32 C'est le cube qui contient 4 points, la lettre D et une flèche dirigée vers le haut.

33 La pièce n° 4 est inutile.

34 Le livreur a rendez-vous avec la personne n° 4.

35 Voici les itinéraires :

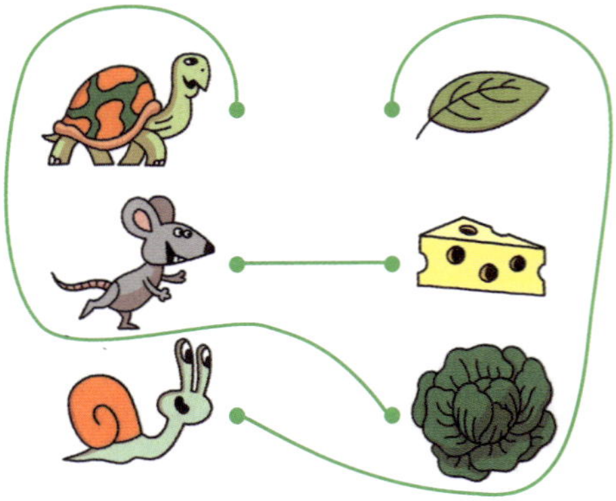

Le chef s'appelle TORKA : la lettre A a d'abord été placée en première position, puis en deuxième, puis en troisième, etc., pour arriver en dernière position.

36 Gaël danse avec Laetitia : Gaël finit par L, Laétitia commence par L.

Petit Jean a dit MAIGRE pour que Lucette réponde MIRAGE : ce sont des anagrammes, c'est-à-dire des mots formés par les mêmes lettres.

37 Les 5 différences entre les deux cartes sont (sur la première carte postale) : il y a un sapin de plus en bas, un nuage en plus dans le ciel, le dragon a une griffe en plus et une dent en plus et la grille du château a un barreau en plus.
Il s'agit de la carte postale n° 2.

38 Le mot codé est LAPIN.

Le cinquième neveu s'appelle PUTUPLU (le U est une autre voyelle).

Pages

39 Le message n° 2 n'a pas été traduit : le chien mange.

40 1- Les enfants sont des triplés.
2- Flaxy a 2 frères. Avec ses 2 frères, ils forment des triplés.
3- Mackmadox mange des endives (il ne faut pas que le mot contienne un O ou un A).

41

Le dernier chat s'appelle PITICAT (Mic : 3 lettres ; Mimi : 4 ; Minet : 5 ; Mignon : 6 ; Piticat : 7).

42 C'est le morceau n° 3 qui est caché par le tableau.

43 1 - Le chat.
2- Le furet.
3- Le perroquet.
4- L'éléphant.
5- La carpe.
6- La souris.
7- L'hirondelle.

44 Le message n° 4 n'a pas été traduit : les élèves sont en rang.

50 devinettes pour bien raisonner

Présentation

Pour trouver les réponses aux devinettes proposées dans cet ouvrage, l'enfant va devoir exercer et développer des compétences qui sont utiles dans de multiples circonstances :
- savoir mobiliser son attention, se concentrer, être persévérant ;
- faire preuve d'esprit d'initiative, être capable d'anticiper ;
- comprendre ce qui est demandé en prenant en compte la consigne, la situation proposée et l'exemple lorsqu'il existe ;
- savoir observer, explorer, analyser des aspects particuliers sans perdre de vue le contexte global ;
- percevoir des liens logiques, chronologiques, de relation spatiale entre divers éléments ;
- réfléchir, mettre en place des stratégies de recherche, faire des hypothèses, déduire et tirer des conclusions ;
- analyser ses réponses et le cheminement qui a permis de les trouver.

Ces devinettes, variées, amusantes et motivantes, permettent d'aborder des notions d'organisation spatiale et/ou temporelle, de comparaison, de classement, de tri, de rangement, d'ordre (logique et chronologique), de codage et de décodage, de suites logiques, de déduction (en sachant utiliser des connecteurs logiques comme « si... alors ») et d'analogies (repérer un concept en faisant le lien entre différents éléments).

Conseils d'utilisation

Les devinettes sont proposées dans un ordre croissant de difficulté, ainsi que dans le souci de varier les approches pour éviter des phénomènes de lassitude. Il est donc souhaitable de suivre cet ordre.

Permettez à l'enfant de prendre son temps, de faire des essais, des erreurs, d'expérimenter des solutions. Incitez-le à utiliser un crayon à papier et une gomme à cet effet. Assurez-vous cependant de la bonne compréhension de ce qui est demandé et, en cas de besoin, apportez à l'enfant une aide appropriée pour « le mettre sur le chemin » (par exemple, en lui montrant un élément non pris en compte ou en proposant une piste de réflexion). Si l'enfant montre, à un moment, une réelle incompréhension, sachez arrêter et laissez momentanément ce cahier de côté afin de ne pas laisser le découragement s'installer. Vous le reprendrez plus tard en repartant des réussites de l'enfant.

Les devinettes proposées dans ce « Petit Cahier » ont été testées auprès d'enfants qui ont éprouvé un grand plaisir à chercher à y répondre. Il est important qu'elles soient considérées comme un jeu à faire avec l'enfant et non comme un exercice obligatoire.

ISBN : 978-2-7256-3403-6

N° de projet : 16218928
N° d'impression : 06801160220
Dépôt légal : février 2016
Imprimé en France en février 2016
sur les presses de l'imprimerie SEPEC